小峰書店

小峰書店 編集部 編著

キャリア教育に活きる！

仕事ファイル

センパイに
聞く

(23)

アート
の仕事

クリエイティブ
ソリューション営業

学芸員

イラスト投稿サイトプランナー

画材研究開発

絵画修復士

アートディレクター

㉓ アートの仕事

Contents

キャリア教育に活きる！ 仕事ファイル

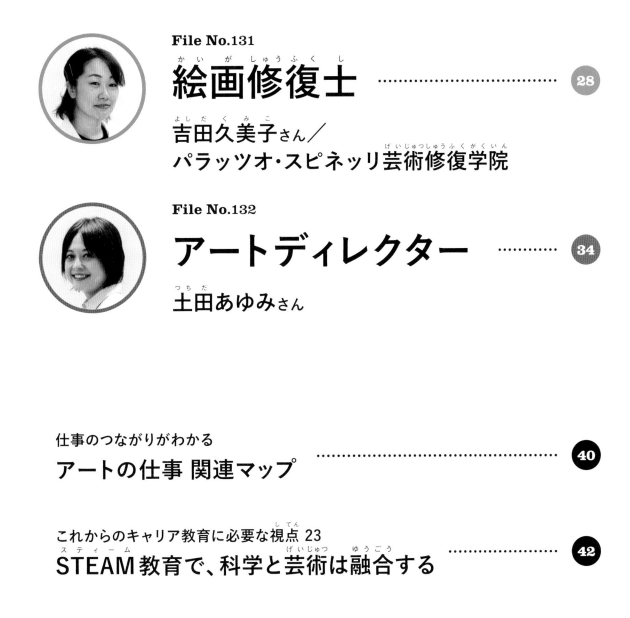

クリエイティブ
ソリューション営業

Creative Solution Sales

アドビ
磯村淑江さん
入社4年目 25歳

クリエイター※2に
使いやすいアプリを届け、
作品づくりを支えます

今やアート作品は、絵画や彫刻だけでなく、パソコンやスマートフォンのアプリ※1を使ったデジタルなものもたくさん制作されています。クリエイティブアプリを開発するアドビで営業として働く、磯村淑江さんにお話をうかがいました。

用 語　※1 アプリ ⇒ アプリケーションソフトウェアの略。パソコンやスマートフォンで使用するもので、よく使われるアプリに、メッセージアプリや写真撮影アプリなどがある。

Q クリエイティブソリューション営業とはどんな仕事ですか？

私のつとめているアドビは、グラフィックデザイナーやイラストレーター、フォトグラファー、YouTube クリエイターなど、さまざまなクリエイターが、作品をつくるときに使用するアプリを開発・販売している会社です。おもな製品には、画像の加工に使う「Photoshop」、ポスターや本などのデザインに使う「Illustrator」、映像編集に使う「Premiere Pro」などがあります。

私は、こうしたアプリを販売する「デジタルメディア部門」で、クリエイティブソリューション営業という仕事をしています。アドビの製品をあつかっている販売店に、製品の販売に、さらに力を入れてもらえるようにお願いしたり、販売の協力をしたりする仕事のことです。販売店が大きな会社に、まとめて製品を買ってもらうよう交渉するときには、販売店の代わりに製品の説明をし、販売の手助けをすることもあります。そのため、クリエイティブソリューション営業は、アプリの特徴や使い方をよく知っている必要があります。

会社にいるときは、アプリの利用者を増やすための戦略を考えていることがほとんどです。どうしたらもっと多くのクリエイターに製品のよさを知ってもらい、活用してもらえるか考えています。販売店の売り上げを、さらにのばす方法も考えます。販売店のアドビ製品担当者と定期的に打ち合わせをしたり、販売に役立ててもらうために、製品の使い方を説明する勉強会を開いたりもします。

デザイン事務所など、アドビの製品を会社単位で利用してくれているところも多くあります。そうした会社に、販売店の人といっしょに行き、新しい機能の使い方について説明をすることもあります。

Photoshop の画面。写真の色あいを変えたり、合成したりと、さまざまな機能がある。

Q どんなところがやりがいなのですか？

私がパートナーである販売店をサポートをすることで、アプリの利用者数が増えたり、お客さんや販売店の人に喜んでもらえたりすることにやりがいを感じます。

パートナーを組んでいる販売店は、アドビ製品の売り上げ目標を立てているので、もちろん私がいなくても担当者が一生懸命に販売してくれます。でも、製品の特徴について、よりくわしくわかっている私が販売店に協力することで、売り上げがさらにのびることがあるのです。売り上げがのびると達成感もありますし、実績を重ねて販売店の人から頼りにされるようになると、より仕事へのやる気がわきます。

また、クリエイターの制作活動を、かげながら支えられるのもやりがいです。アドビ製品を使っている会社のクリエイターから、「教えてもらったやり方が、作品づくりに役立ちました」と感謝されると、私もうれしくなります。アドビのアプリを使って、よい作品をつくってもらうことが、いちばんの喜びです。

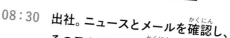

磯村さんのある1日

08：30	出社。ニュースとメールを確認し、その日やる仕事を確認する
10：00	打ち合わせ。販売店の状況を報告し合い、今後の目標を立てる
12：00	ランチ
13：00	販売店を訪問。アドビ製品の販売担当の人と、製品の売れ行きについて話し合う
15：00	販売店の担当者と、製品を使っている会社を訪問。利用者に製品のくわしい使い方を説明する
16：30	会社にもどり、メールの確認。訪問先の会社にお礼のメールを送る
17：30	事務作業。翌日の仕事を確認する
19：00	退社

用語 ※2 クリエイター ⇒ 創造的な仕事している人のこと。特定の仕事のことをさすわけでなく、カメラマン、イラストレーター、グラフィックデザイナー、YouTube クリエイター、映画監督などはクリエイターと呼ばれている。

Q 仕事をする上で、大事にしていることは何ですか？

つらいときも、前向きに考えることを大事にしています。例えば、売り上げ目標が達成できないときなどはつらい気持ちになりますが、何がいけなかったのかを考えます。そして、次の仕事に目を向けるようにしています。「これから別のお客さんと会うのだから、気持ちを新たにがんばろう」と、気合いを入れ直すのです。

売り上げ目標で悩んでいるのは販売店の人も同じです。自分だけが大変なわけではないことを忘れずに仕事をすることで、がんばることができるのだと思います。

また、この仕事は人と積極的に会話ができなければいけません。私は、相手が話しやすいように、相手によって話し方や会話の内容を変えるように工夫しています。

Q 今までにどんな仕事をしましたか？

入社してから1年間は、研修をかねて、さまざまな部署を経験しました。ひとつの会社なのに、部署ごとに雰囲気や習慣、仕事のやり方がまったくちがっていて、初めはとてもおどろきました。研修のおかげで、さまざまな視点からアドビという会社を知ることができましたね。

研修期間が終わってからは、今いる「デジタルメディアパートナー営業」という部署で働いています。

この部署では、アドビの製品をあつかう販売店の視点からも仕事を学ぶことができます。製品についてくわしく学び、売り上げをのばすための方法を考え、人とのコミュニケーションをはかる今の仕事は、自分に合っていて、毎日充実した日々を過ごしています。

「時間を見つけてメールを確認し、訪問先へのお礼のメールは必ず送ります」

別部署の人との会話から、営業に役立つ情報を得ることも。

Q なぜこの仕事を目指したのですか？

6歳のときから海外の学校にいたので、日本にどんな会社があるのかよくわかりませんでした。そのため、就職は、自分の知っている会社にしようと思っていました。

ある日、友だちに教えてもらった、「LinkedIn」という、ビジネスパーソンがよく利用するSNS※に登録したところ、アドビの人からメッセージが届いたんです。気になったので会社を訪問したところ、会社の雰囲気もよく、やりがいのある仕事ができそうだなと思いました。

アドビはそれまで、大学を卒業したばかりの人を採用していませんでした。しかし自分のように仕事の経験がないからこそ出てくる新しいアイデアが期待されていると感じ、入社を決めました。

Q 仕事をする上で、難しいと感じる部分はどこですか？

売り上げ目標を達成するために、販売店の人の心をつかむのが難しいです。私が今担当している販売店の人は、みなさん、アドビ製品に精通しているのに、私を頼りにしてくれています。このように気軽に頼ってもらえる存在になるまでには時間がかかりました。

最初のころは、なかなか相手にしてもらえませんでした。販売店には、アドビ以外の会社から来ている人もいて、私の話だけを聞いてくれるわけでもありません。どうやったら心を開いてもらえるかたくさん考え、何度も足を運びました。その結果、今では向こうから製品の相談をしてくれるようになりました。信頼関係を築くのは難しいことですが、誠実に仕事をすることで少しずつ信頼を得られます。

用語 ※SNS ⇒ ソーシャル・ネットワーキング・サービスの略。インターネット上で、人と人とが写真や文章などの情報をやりとりする。代表的なサービスに、Instagram、Twitter、LINE、TikTok がある。

Q ふだんの生活で気をつけていることはありますか？

基本的なことですが、ひとつは、身だしなみです。販売店で販売を手伝っているときも、アドビの社員として仕事をしているので、身だしなみが整っていないと、会社の印象が悪くなってしまいます。そのため、アドビという会社を代表しているんだという意識を忘れないようにしています。

もうひとつは、リフレッシュすることです。仕事がうまくいかないときは、寝るときもご飯を食べるときも、そのことばかり考えてしまいます。けれど、ジムに行ったりボクシングに行ったりして体を動かし、一度仕事を忘れると、その後に解決方法が浮かぶことがあるんです。そのため、休日は思い切り休んで、リフレッシュするようにしています。

「営業の仕事は、会社の顔だと思います。私の印象で会社のイメージも変わることを忘れないようにしています」

販売先に行くなど、毎日動き回っている磯村さん。休日は、ジムに行って体力づくりをしている。

Q これからどんな仕事をしていきたいですか？

まずは、今私が担当している販売店を、数ある販売店のなかで売り上げトップにしたいです。また、売り上げだけではなく、「磯村さんが担当でよかった」と思ってもらえるような人になりたいです。

また、アドビは本社がアメリカで世界中に支社があるので、日本以外でも経験を積みたいです。信頼関係を大切にする日本の営業スタイルは、海外にはないすばらしい方法です。これを海外の営業でも活かしつつ、海外の営業スタイルを学び、その技術をふたたび日本でのパートナー営業で活かしていきたいです。

● 卓上カレンダー ●

PICKUP ITEM

会社の卓上カレンダーは、磯村さんの手帳代わり。販売店で仕事をするときも持っていく。どんな機種のスマートフォンにも対応可能なマルチ充電ケーブル。アプリの説明をするとき充電切れにならないように持ち歩いている。

● マルチ充電ケーブル ●

クリエイティブソリューション営業として働くには……

クリエイティブアプリをあつかう会社には、いろいろな仕事があります。営業の仕事に就きたい人は、英語などの外国語を学び、海外でも仕事ができるような、国際感覚を身につけましょう。アプリ開発に関わりたい人は、情報学や情報工学の授業がある大学や専門学校に進み、アプリの仕組みを学ぶ必要があります。

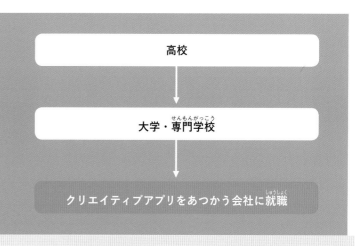

高校

↓

大学・専門学校

↓

クリエイティブアプリをあつかう会社に就職

※ この本では、大学に短期大学もふくめています。

Q この仕事をするには どんな力が必要ですか？

必要なのは、コミュニケーション能力です。販売店の人と信頼関係を築くためには、日ごろからのコミュニケーションが欠かせません。上手にコミュニケーションができるかは、相手の心を開けるかどうかにかかっていると思います。

私の場合、大事な営業のときは、相手がどんなことに興味があるのかSNSなどを見て共通の話題を探し、会話がはずむようにしています。また、少し苦手だなと思っても、その人よいところを見つけます。その人のことを好きになると、相手も自然と心を開いてくれるものだからです。

笑顔が印象的な磯村さん。「笑顔で接すれば、相手もリラックスして話せると思うんです」

磯村さんの夢ルート

小学校 ▶ 国際弁護士

法律に興味があったのと、日本と海外の両方で
働ける仕事がしたかったから。

▼

中学校 ▶ 舞台に立つ仕事

声楽のレッスンを受けていたから。

▼

高校 ▶ 英語が活かせる仕事

宝塚音楽学校に入学したが
ちがう道に進もうと思い、普通高校を受け直した。

▼

大学 ▶ 国際弁護士

長い留学経験を活かせると思った。

Q 中学生のとき、 どんな子どもでしたか？

両親の方針もあって、6歳からひとりで留学し、海外の寄宿学校で過ごしました。中国・韓国・アメリカ・ニュージーランド・イギリスなど、さまざまな国で生活したので、英語・中国語・韓国語が話せます。また、日本の国語や古典にも興味がありました。そのほか、幼いころからピアノや声楽のレッスンも受けていたので、音楽も好きでした。反対に、数学は大の苦手でしたね。

中学生になったころ、日本に帰りたくなり、母に相談したところ、「宝塚※に合格できたら帰ってきてもいいよ」と言われました。無事に合格することができたため、中学を卒業した後は、日本に帰国して宝塚に入学しました。しかし、自分のかがやける場所はここではないと感じ、4か月が経ったころに、日本の普通高校に入り直しました。

だらだらと高校生活を過ごしたくなかったので、いろいろなことにチャレンジしました。震災復興支援イベントで演奏したり、挑戦できるあらゆるスピーチコンテストに応募して、東京都知事賞をもらったりした経験もあります。

中学生時代の磯村さん。中学校は、ニュージーランドにある寄宿学校を卒業した。

宝塚音楽学校の入試試験で出た課題曲。音楽が得意だった磯村さんは見事合格。

入り直した高校では、英語力を活かし、英語弁論大会にも出場。関東甲信越静岡地区で1位になった。

用 語　※ 宝塚 ⇒宝塚音楽学校の略。兵庫県宝塚市にある私立学校で、宝塚歌劇団の団員を育てる養成学校。

Q 中学のときの職場体験は、どこに行きましたか？

中学生のときは海外にいたので、高校でのことになりますが、職場体験ではなく、キャリア講演会がありました。通っていた高校のとなりに病院があったので、その病院につとめている看護師や医師の方が学校に来てくれました。そして、自身の高校生のときの経験や、どうやって医師になったのかを話してくれました。

Q キャリア講演会ではどんな印象をもちましたか？

話をしてくれた看護師や医師の方は、自分の仕事にとても誇りをもっていました。そして、社会人になったら自分でお金をかせぎ、自分で生活できること、仕事は、楽しくてやりがいがあることを話してくれました。

私はそのころ、大学受験が目前だったこともあり、大学生になることで頭がいっぱいだったのですが、その話を聞いて、早く社会人になりたいと思うようになりました。

また、仕事に対して情熱をもつことの重要さも教わりました。たとえ自分がなりたい職業に就けなかったとしても、その仕事でどうがんばっていくのかを考えることが大切なのだと思いましたね。

Q この仕事を目指すなら、今、何をすればいいですか？

個性を育てることが大事だと思います。個性を育てるためには、自分にとって新しいと感じるものにふれて、刺激を受けることが大切です。そこで感じたことや、ものの見方、発想が、自分の個性になっていくと思います。場合によっては興味がないと感じたり、失敗することもあるかもしれません。しかし、失敗で気づくこともたくさんあるはずです。

学生時代というのは、いろいろな特権がたくさんあります。若さや時間、柔軟なものの見方などです。それらをフル活用してください。まわりに流されることなく、やりたいことをやり、自分の個性をつちかってほしいです。

細やかな心配りで信頼関係を築きクリエイティブな活動を支えます

− 今できること −

ふだんの暮らし

写真やイラスト、動画などでつくられたデジタル作品は、身近なところにたくさんあります。イラストや新商品の広告、映画なども、今は専用アプリを使ってつくられていることがほとんどです。こうした作品に関心をもち、文化祭のポスターづくりや、修学旅行のアルバムづくりなどに挑戦してみましょう。

また、アプリの使い方を覚えたら、次は友だちに教えてあげてみてください。人にわかりやすく機能を説明できるようになることも、働くときには大切です。

国語 たくさん機能があるアプリの仕組みを理解するのは簡単ではありません。読解力や理解力をきたえるために、本や説明文などの文章をたくさん読みましょう。

美術 クリエイターが使うアプリをあつかうのなら、同じ立場に立って考えることが大切です。作品づくりを通し、色やかたちなど、デザインの基礎を学びましょう。

技術 アプリの仕組みを理解するため、簡単なプログラミング※ができるようになることを目指しましょう。

英語 アプリの利用者は、世界中にいるクリエイターです。海外に住むクリエイターとも直接話をし、アプリの仕組みを説明できるように勉強しましょう。

用語 ※ プログラミング⇒コンピューターに作業を行わせるための命令（プログラム）を、専用の言語を使ってつくること。

学芸員

Curator

東京国立近代美術館
（とうきょうこくりつきんだいびじゅつかん）

古舘 遼さん（ふるたて りょう）

入社4年目 32歳（さい）

美術作品（びじゅつさくひん）がもつ
本物の迫力（はくりょく）や
作者がこめた思（じ）いを
多くの人に伝えます

学芸員は博物館（びじゅつかん）や美術館（びじゅつ）などで働く、美術の専門（せんもん）家です。国家資格（こっかしかく）をもち、歴史的（れきしてき）に重要な美術作（びじゅつさく）品（ひん）を多くの人に見てもらうため展示物（てんじぶつ）を集めたり、調査（ちょうさ）をしたりしています。東京国立近代美術館（とうきょうこくりつきんだいびじゅつかん）で働く、古舘遼（ふるたてりょう）さんにお話をうかがいました。

Q 学芸員とは どんな仕事ですか?

学芸員の仕事は大きく分けると、収集・研究調査・保管・展示の4つになります。まず、収集は、美術作品を集めることです。歴史的価値のある作品や、後世に残していきたい作品を、美術品や工芸品を販売している画廊や、個人でもっている人から、買ったり、ゆずってもらったり、預かったりします。

集めた作品について深く調べるのが、研究調査です。だれが、どんな方法で、いつの時代につくったのか、また作者が作品にこめた思いなどを読みときます。ひとりで調べることもありますが、ほかの美術館や博物館の学芸員と協力しながら、研究を進めることもあります。調べるときは、作品そのものだけでなく、作者が残した日記や手紙などが、貴重な資料となります。

集めた作品を保存するのも大切な仕事です。作品は、気温や湿度によって傷んでしまうことがあるので、保管の方法にも注意が必要です。私が働いている東京国立近代美術館では、室温が22℃、湿度が55%前後に保たれた「収蔵庫」という作品の倉庫で保管しています。また、もし作品に傷や汚れがある場合は、修復の専門家に修理を頼みます。

展示には、所有する作品を展示する「所蔵作品展」と、あるテーマにそって集めた作品を展示する「企画展」があります。企画展であれば、同じ時代の作品、あるテーマや切り口ごとに作品を集めて紹介します。どういうテーマで作品を集めるか、作品の並び順や照明のあたり具合など、展覧会の準備は腕の見せどころです。美術館どうしで作品の貸し借りを行う場合もあり、その手続きをするのも学芸員の仕事です。東京国立近代美術館が所有する作品を、海外の美術館に貸し出すときには、作品と同じ飛行機や車にのって、現地まで行き、無事に展示されるところまで見届けます。

学芸員は国家資格です。資格をとると博物館や美術館で専門職員として働くことができます。

展示作品の状態を確認しながら館内を見てまわる古舘さん。

Q どんなところが やりがいなのですか?

作品を間近で見られることは学芸員の特権であり、やりがいです。でも、ほかの美術館への貸し出しなどで、作品を動かすときはとても神経を使います。学芸員になったばかりのころは、緊張で汗が止まりませんでした。それでも、無事に作業を終え、緊張から開放された後には達成感がわきます。以前、高村光太郎※の彫刻作品≪手≫を動かしたことがあるのですが、そのときのことは忘れられません。持つとずっしりと重く、本物の作品がもつ迫力を感じました。

美術館や博物館にある作品は、何十年もの間、何人もの学芸員が守り、残してくれたものです。先輩からたくされた作品を、今の時代の学芸員である自分が守り、次の世代に受け渡す。美術文化を守り、育んできた歴史の流れのなかに自分がいられることは誇りです。

古舘さんのデスク。「ふだんは、あまり人前に出ず、調査や事務作業をしていることが多いです」

古舘さんのある1日

09:30	出勤。メールのチェックをする
▼	
10:00	作品の貸し出し準備
▼	
12:00	書類作成。作品のデータを整理したり、記録に残したりする
13:00	ランチ
▼	
13:45	資料作成。展覧会の打ち合わせに必要な資料をつくる
15:00	展覧会の打ち合わせ
▼	
17:00	作品の調査と研究
▼	
18:00	退勤

用語　※ 高村光太郎⇒東京出身の詩人であり、彫刻家（1883～1956年）。詩集『道程』『智恵子抄』や、彫刻作品《手》《蝉》などが有名。

Q 仕事をする上で、大事にしていることは何ですか？

人とのコミュニケーションです。じつはこの仕事に就くまで、学芸員はあまり人と関わらない仕事だと思っていました。ところが実際に働いてみると、同じ美術館で働く人はもちろん、ほかの美術館の学芸員や、作品の運搬を請け負う会社の人など、人と話す場面がたくさんありました。

展覧会用のチラシやポスター、図録などをつくるのも学芸員の仕事なので、デザインを考えるデザイナーや印刷会社の人、カメラマンとのやりとりもあります。私は、もともと積極的に話す方ではないのですが、相手の話をよく聞き、自分の意見を伝えることを意識するようにしています。

Q 今までにどんな仕事をしましたか？

学芸員となって初めの2年間は、長野県にある信濃美術館につとめました。調査データのまとめ方や、作品を借りるときの書類のつくり方、作品の運び方など、さまざまなことについて学びました。「これも学芸員の仕事なのか」と思うようなことが多くておどろいたのを覚えています。

その後、学生時代からあこがれていた東京国立近代美術館で学芸員を募集していることを知って、応募し、採用されました。こちらに来てからは、展覧会の企画を考える仕事もまかされました。今では、同時にふたつの展覧会を企画し、準備をすすめることもあります。

作品について解説する古舘さん。「展示作品についての質問には答えられるように勉強しています」

学生時代からあこがれていた東京国立近代美術館。「働けることになったときはうれしかったです」

Q なぜこの仕事を目指したのですか？

中学校に入学する直前の春休みに、母にさそわれて東京の国立西洋美術館に行き、「ピカソ※展」を見たのがきっかけです。ピカソは不思議な絵を描く人というイメージでしたが、「こんなにうまかったんだ」とおどろき、印象が変わりました。同時に、「自分も学芸員になって、こうした展覧会に関わりたい」と強く思いました。なぜ、展覧会を企画した人が、学芸員だと知っていたのかは、覚えていません。でも、当時から学芸員という仕事があることは知っていました。

その後は、学芸員を目指してまっしぐらでした。絵を描くことも好きでしたが、不思議と絵を描く仕事をしたいとは思いませんでした。それより自分がよいと感じる作品を人に伝えたいという気持ちの方が強かったんです。

Q 仕事をする上で、難しいと感じる部分はどこですか？

その場の状況に合わせて判断し、行動するのが難しいです。美術館では、保管しているいろいろな作品を見てもらうために、展示作品の入れかえがときどきあります。作業には大勢の人が呼ばれ、いっせいに行うのですが、あわただしく動きまわる人のなかで、自分がどう動けばいいのかわからなくなってしまうことがあるんです。上司から、もっと積極的に動くように注意されたこともあります。

そんなとき私が心がけているのは、落ち着いて、人の動きをよく見るようにすることです。だれが何をしているのかがわかると、助けが必要そうなところや、自分にできることが自然と見えてくるからです。物事を冷静に判断し、上手に動けるようになりたいです。

用語　※ ピカソ⇒パブロ・ピカソ（1881〜1973年）。20世紀を代表するスペイン人の画家。彫刻家でもあり、版画家でもあった。
おもにフランスで制作活動を行い、《アビニョンの娘たち》《ゲルニカ》など、代表作を数多く残した。

Q ふだんの生活で気をつけて いることはありますか？

美術作品に限らず、いろいろな展覧会に足を運び、勉強するようにしています。そして、会場では作品そのものを見るだけでなく、作品を照らす光のあて方や、展示する空間の広さ、部屋の仕切り方なども見るようにしています。また、気づいたことは書きとめておき、自分が企画する展覧会の参考にすることもあります。一見、参考にはならないようなことも、何かのアイデアにつながることがあるので、見ておいてむだなことはひとつもありません。

もともと美術館に行くことは好きでしたが、今では、美術館通いが生活の一部であり、習慣のようになっています。

● 手ぶくろ ●

● 筆記用具とライト ●

PICKUP ITEM

作品にふれたり、間近で見たりするときは、手ぶくろとマスクを着用し、傷つけないように細心の注意をはらう。作品をくわしく見るときは、ライトをあてて確認。気がついたことは筆記用具でメモをとる。メジャーは、作品の大きさを測ったり、作品を入れる梱包材の大きさを確認したりするときなどに使う。

● マスク ●

● メジャー ●

Q これからどんな仕事を していきたいですか？

東京国立近代美術館は、明治40年（1907年）から現在までの日本の近現代美術作品を見ることができる美術館です。その貴重な作品を、より多くの人に見てもらうこと、次の世代に引きつぐことを大切に考え仕事をしたいと思っています。

具体的には、今まであまり取り上げられてこなかった作品に注目し、調査したいです。そして、調査結果を東京国立近代美術館のWEBサイトなどで発表して、みなさんに知ってもらうことができたらいいなと思います。うもれている貴重な作品は、まだまだあると思うので、今後はそうした作品に光をあてていきたいです。

過去の資料などから、作品の成り立ちや当時の社会のようすなども調査する。

展示作品のチェックも仕事のひとつ。「作者が作品にこめた思いを知ると、作品はよりかがやいて見えます」

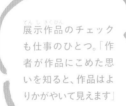

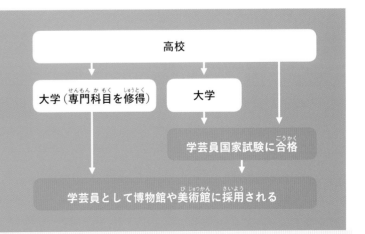

学芸員になるには……

学芸員は国家資格です。資格をとるにはいくつか方法があります。ひとつは、文部科学省が行う国家試験に合格すること。もうひとつは、大学で博物館に関する必要な科目をすべて修得して卒業することです。大学に2年以上通って（大学卒業が条件ではない）、博物館に関する科目を修得し、学芸員の補佐を3年以上経験することでもとることができます。

```
                    高校
           ↓          ↓          ↓
大学（専門科目を修得）    大学
           ↓                      ↓
                           学芸員国家試験に合格
           ↓                      ↓
        学芸員として博物館や美術館に採用される
```

13

Q この仕事をするにはどんな力が必要ですか？

美術作品だけでなく、さまざまなことに好奇心をもって見ることができる力です。美術以外にも、いろいろな知識があると、美術作品をちがった視点から見ることができ、新たな発見につながります。

また、英語力も大切です。海外に作品を貸し出すときは英語でやりとりをしますし、作品といっしょに現地にも行くので何かと必要になります。運ぶときに注意しなければならない湿度や振動についての表現など、ふだんの会話には出てこないような単語も多くあります。私は先輩に教えてもらったり、専門の本で勉強したりして覚えました。

英語で書かれた美術書を読むことも多い古舘さん。「知りたいことがあれば、知らない単語を調べるのも楽しいです」

古舘さんの夢ルート

小学校 ▶ 歯科医

通っていた歯医者さんがよい先生で好感をもっていた。

▼

中学校・高校・大学 ▶ 学芸員

中学生のときに「ピカソ展」を見てから夢はずっと学芸員。
ただし、なれなかったときのことを考えて、大学で、英語の教員免許もとった。

Q 中学生のとき、どんな子どもでしたか？

今もあまり変わりませんが、もの静かな中学生でした。当時から美術が好きだったので、部活は美術部で、おもに油絵※を描いていました。2年生のときには先生からの指名で部長をつとめました。美術部の部長は体育祭のポスターをつくるという慣例があり、その年は、私の絵がポスターになりました。

部活のない日は、たいがいまっすぐ家に帰り、2〜3時間くらい勉強していましたね。美術以外の得意科目は数学で、英語も好きでした。理科と体育は苦手でした。ぼくの中学校は、毎年春には遠足で山登りがあったのですが、運動が苦手だったので、大変でいやだなあと思っていた記憶があります。

休日は美術館に通っていました。ひとりでも行きましたし、親と行ったり、友だちを連れて行ったりしたこともあります。当時から、好きな美術館は東京国立近代美術館で、とくに所蔵作品展に魅力を感じていました。

古舘さんが体育祭用に描いたポスター。制作過程をまとめた資料もつくった。

中学時代の古舘さんとお父さん。「私の美術好きは、工業製品のデザイナーである父の影響があるかもしれません」

ふたりの後ろにある絵は古舘さんが描いた油絵。「花やくだものといった静物画を描くのが好きでした」

用 語 　※ 油絵 ⇒色の原料を油で練り合わせてつくった油絵の具で描かれた絵のこと。

Q 中学のときの職場体験は、どこに行きましたか？

職場体験はありませんでしたが、3年生のときに、弁護士の仕事について話を聞く講演会が、学校でありました。来てくれたのは、通っていた学校の卒業生のお母さんで、テレビによく出演していた住田裕子弁護士です。仕事の内容のほかに、弁護士を目指したきっかけや、どうしたら弁護士になれるのかといった話をしてくれました。

Q 講演会で話を聞いてどんな印象をもちましたか？

仕事についての話より、テレビで観ている人がやって来た、という興奮の方が強かったです。ただ、実際に仕事をしている人から聞く成功体験や苦労話はおもしろく、仕事をする大変さも少しだけわかったような気がしました。

具体的に仕事について考えるようになったのは、進路指導で担任の先生と話をしてからだと思います。学芸員になりたいという夢を知った先生は、どんな大学に進めばよいか、資格はどうしたらとれるのかといった具体的な助言をくれました。

また、学芸員として仕事を得るのはとても大変だという現実も教えてもらい、覚悟したのを覚えています。

Q この仕事を目指すなら、今、何をすればいいですか？

中学生のころの私に言いたいのは、「もっといろいろなことに取り組もう！」ということです。

例えば、私は歴史の勉強が苦手でしたが、美術と歴史は切っても切れない深い関係があります。時代の影響を受けてつくられた作品はとても多く、歴史を知っていればより深く理解することができるのです。

学芸員の仕事は、さまざまな分野の人と関わりながら行う仕事なので、広い視野でいろいろな知識を身につけてほしいです。いろいろなことに関心を向け、好きなことも苦手なことも、まずは、やってみるとよいと思います。

先輩たちが守ってきた美術作品を未来へと受け渡します

－ 今できること －

ふだんの暮らし

駅前や、町の施設、大きな公園には、彫刻作品や絵画が飾られていることがあります。学校にもあるかもしれません。身近に出合える美術作品に注目してみましょう。見つけたら作者について調べてみてください。自分と同じ地域出身の作者である場合もあります。また、自分の住んでいる地域に美術館や博物館があれば、行ってみましょう。展示の仕方や、どんな人が見に来ているかにも注目しておくと、学芸員になったとき役に立ちます。

国語

展示されている美術品を、お客さんにわかりやすく説明することもあります。文章を自分で書いてみるなどして、表現力や語彙力をきたえましょう。

社会

さまざまな時代の美術品を理解するためには、歴史の勉強は重要です。日本史と世界史を学び、それぞれの国の歴史と文化についてくわしくなりましょう。

美術

美術作品について学び、社会で勉強する歴史と、作品が生まれた時代を結びつけて考えてみましょう。また、作品づくりを通じて、つくり方や描き方を覚えましょう。

英語

海外の作品の資料を読むことがあります。英語の文章をたくさん読み、語彙力や読解力を身につけましょう。

イラスト投稿サイト プランナー

Illustration Posting Website Planner

ピクシブ
五十嵐藍さん
入社4年目 32歳

> クリエイターが
> もっと作品づくりを
> 楽しめるような企画を
> 考えています

「pixiv」は、クリエイターが自分のつくったイラストやマンガ、小説などの作品を、自由に投稿できるWEBサイトで、ピクシブという会社が運営しています。pixivを使う人たちのために、さまざまな企画を考える、五十嵐藍さんにお話をうかがいました。

Q イラスト投稿サイトプランナーとはどんな仕事ですか？

pixivは、イラストやマンガを描いたり、小説を書くことが好きなクリエイターが利用する作品投稿サイトです。クリエイターはpixiv上で作品を自由に発表することができます。イラストやマンガを見ることが好きな人たちは、それらの作品を楽しみ、クリエイターの人たちとメッセージをやりとりするなどして交流することができます。もちろん、クリエイターどうしも盛んに交流しています。

利用者は世界中に広がり、会員数は4000万人をこえ、作品数は8800万点以上です（2019年4月時点）。利用するのは、クリエイターとファンの人たちだけではありません。出版社、アニメ会社、ゲーム会社などの人たちも新しいクリエイターを探すために利用しています。そして、pixivから多くのクリエイターがプロとしてデビューしています。

私の仕事は、プランナーといって、pixivの利用者に喜んでもらえるような企画を考えることです。例えば、マンガの編集部や映画会社と協力して、宣伝のためにファンからイラストを募集するイラストコンテストを行ったり、pixivが運営する「pixiv WAEN GALLERY」で人気クリエイターの作品展を行ったり、サイン会を開いたりします。また、pixivから生まれた人気キャラクターのグッズや、画集をつくったりもします。つくった商品は、ピクシブで販売するだけでなく、実際に手にとって見ることができる販売イベントも行います。こうして、pixivを利用することが、もっと楽しくなるようなアイデアを日々考えています。

Q どんなところがやりがいなのですか？

自分の考えた企画をきっかけに、クリエイターたちが活躍の場を広げてくれることがいちばんうれしいです。実力があっても評価されていなかったクリエイターが、私が企画したイベントをきっかけに、アニメ会社やゲーム会社から仕事の依頼がくるようなプロのクリエイターになっていくのを見ると、心からよかったと感じます。夢の実現に、私が役に立てたと感じられるところが、やりがいなのです。

また、作品展のようなイベントに来てくれた人が、楽しんでいるようすを見るのもやりがいです。にぎわっている会場を見ると、自分の考えた企画で、人に喜んでもらうことができたと、実感できるからです。

「クリエイターには、夢の実現のために、pixivを役立ててほしいと思っています」

pixivが運営する「pixiv WAEN GALLERY」。この日は、人気イラストレーター「焦茶」さんの個展を開催中だった。

キャラクターの顔に、自分の顔をはめられる「顔出しパネル」の設置など、楽しいしかけを考えるのも五十嵐さんの仕事。

五十嵐さんのある1日

10:00	出社。連絡事項やメールを確認する
10:30	新イベントの企画を資料にまとめる
11:00	「pixiv WAEN GALLERY」へ行き、イラストレーターと打ち合わせ
13:00	ランチ
14:00	会社内で打ち合わせ 新イベントの企画を提案をする
16:00	メールや、連絡事項を確認
17:00	イラストコンテストに届いた作品を審査し、優秀作品を選ぶ
19:00	退社

Q 仕事をする上で、大事にしていることは何ですか？

この仕事は、夢をもつ人を応援したいという気持ちから始まっているので、クリエイターの意見を尊重することをいちばんに考えています。

だれにでも、つらいときや悲しいときに、好きな作品を見て元気が出たり、明日もがんばろうと思えたりした経験があると思います。クリエイターの作品を通し、そんなふうにたくさんのだれかを幸せにできるのは、私にとっても幸せなことです。みんなを幸せな気持ちにしてくれるクリエイターに感謝し、作品にこめられた彼らの思いを大事にしています。

「pixiv の作品をもっと多くの人に見てもらいたいです」と五十嵐さん。

Q なぜこの仕事を目指したのですか？

3つ上の兄の影響もあり、小さいころからマンガやゲームが好きでした。マンガは父も好きだったので、3人で少年マンガをまわし読みすることもありました。

小学生のころは、ゲームと少女マンガに夢中になり、ゲームをつくる人になりたいと思っていました。ただ、プログラミングは苦手だったので、ゲームのストーリーを考えるような仕事をしたいと、ぼんやりあこがれていました。

中学校から高校、大学、社会人と進むなかでも、マンガやゲームが変わらず好きでした。だからそれらの作品をつくるクリエイターたちを尊敬していましたし、彼らの作品に関わる仕事をしてみたいという思いは、いつも心のどこかにもっていたと思います。

Q 今までにどんな仕事をしましたか？

大学を卒業して初めて入った会社は、北海道の札幌市にある広告代理店でした。仕事は、航空会社や観光施設のパンフレットやポスターをつくる仕事です。やりがいはとてもありましたが、会社の業績があまりよくなかったので、2年で会社を辞めました。

その後、歌声合成ソフト『初音ミク』※を開発した会社に就職し、イベントを企画したり、イベントの進行を管理したりする仕事をしました。イベントでは、作品をつくる人と関わることが多く、その度にその人たちを尊敬する気持ちが増していきました。そして、彼らが活躍できる場所をもっとたくさん用意してあげたいと思うようになったのです。

また、東京の会社で自分がどれくらい通用するのか試してみたいという気持ちもありました。そこで、知り合いに紹介してもらい、思い切ってピクシブに移りました。今は、自分の仕事がとても気に入っています。

Q 仕事をする上で、難しいと感じる部分はどこですか？

私の仕事は、やり方に決まりがありません。自分で目標を決め、考えて動かなければいけないところは、この仕事の難しい部分だと感じます。

イベントの企画を考えるときも、ひとりでも多くの人に喜んでもらうためには、どんなイベントをすればよいのか、悩むことがよくあります。そんなときは、関連作品をもう一度見直し、クリエイターの伝えたいことと、見る側が求めていることを考えるようにしています。また、上司や仲間に相談するなど、いろいろな意見を聞くことも大切です。自分とはちがう見方を知ると、新たな発見につながるからです。

新しい企画の打ち合わせ。仲間とアイデアを出し合い、よりよい企画を考える。

用語 ※ 初音ミク⇒メロディと歌詞を入力すると、コンピューターの声でボーカルとコーラスを作成できる、歌声合成ソフト。つくった歌は、画面のなかでバーチャルシンガーの「初音ミク」というキャラクターが歌ってくれる。

「すてきな作品に囲まれて仕事をするのは楽しいです。仕事仲間も、みんな意欲的な人ばかりなんですよ」

Q ふだんの生活で気をつけていることはありますか?

ひとつは、一度やると決めたことは最後までやりとげる、ということです。仕事に限らず、責任感をもって行動するのが社会人だと思うからです。

もうひとつは、「できません」とは、言わないことです。なぜなら、できないと限界を決めてしまうのは、自分に負けた気がするからです。だれかに求められる限り、どんなことでもやっていきたい、と思っています。

また、休みの日は、いろいろなアニメを観たりゲームをしたりして過ごしています。さまざまな作品にふれておくことで仕事に活かせると思うからです。

ゲームが大好きだと話す五十嵐さん。「昔から、やりだすと時間を忘れて熱中してしまうんですよね」

Q これからどんな仕事をしていきたいですか?

pixiv は、イラストやマンガ、アニメなどが好きな人たちの間では、世界的に知られたサービスです。しかし、興味のない人たちにとっては、まだ知られていないサービスだと思います。なので、もっと多くの人に興味をもってもらうため、新しい発想の企画を考えていきたいです。

例えば、2020年1〜2月に人気イラストレーターの「ももこ」さんが個展を台湾で行ったように、海外でも人気のあるイラストレーターの海外イベントを企画して開催したいです。

また、画集の販売数を増やすことも目標です。pixiv にはすてきな作品がたくさんあるので、もっと手にとってもらいたいからです。クリエイターの夢を叶えるお手伝いになるなら、何でも挑戦したいですね。

・画集・

PICKUP ITEM

森倉円さんやHitenさんなど、人気イラストレーターの作品をまとめた画集。五十嵐さんが企画し、のせるイラストを選んでつくった。

イラスト投稿サイトのプランナーになるには……

イラスト投稿サイトでプランナーとして働くには、とくに必要な資格はありません。美術大学を卒業する必要もありません。イベントやグッズ製作の企画を考えるには、マーケティング※の知識が役に立ちます。経営学部や商学部などがある大学や、マーケティングが学べる専門学校を目指すのもよいでしょう。

高校
↓
大学・専門学校
↓
イラスト投稿サイトの運営会社に就職

用語　※ マーケティング ⇒ より多くの人に商品やサービスを届けるために世の中が求めていることを調べ、販売や宣伝の方法、メディアへの取り上げられ方などを考えて行うこと。

Q この仕事をするには どんな力が必要ですか？

今流行しているアニメやゲーム、マンガに関心をもち、なぜ人気があるのか考えられる力が必要だと思います。また、だれがつくった作品なのか、その人はほかにどんな作品をつくっているのかなど、関心を広げる力も必要です。

私が中学生のころは、アニメやゲームをただ楽しんでいるだけでした。しかし、社内の人たちに話を聞くと、みんな中学生のときから作品をつくっている人にも興味をもっていたそうです。早い時期から、さまざまなことに目を向ける力をつけておくとよいかもしれません。

「新しい企画を考えるときは、作品と、作品に関連するさまざまな情報を集めています」

五十嵐さんの夢ルート

小学校 ▶ ゲームクリエイター

ゲームが好きで、ゲームに関わる
仕事がしたいと思っていた。

▼

中学校・高校 ▶ 結婚

やりたいことがはっきりせず、
結婚しかないと思っていた。

▼

大学 ▶ イベント関連の仕事

はっきりとは決まっていなかったが
楽しい仕事ならできると思い、
イベント関連の仕事に興味をもった。

Q 中学生のとき、 どんな子どもでしたか？

仲のよい友だちといっしょにバスケットボール部に入ったのですが、もともと運動が得意な方ではなかったので、3年間レギュラーになれず、くやしい思いをしました。しかし、そのくやしさをバネにして、高校、大学でもバスケットを続け、部長をつとめるまでになりました。

学生生活のなかでは、部活動にいちばん時間を費やしていましたが、ゲームやマンガを楽しむ時間もつくっていました。自分の好きなゲームを買ったときは、部活が終わってから深夜までずっとやっていることもありました。

また絵を描くのも好きで、美術は得意科目でした。私の中学校では、家庭学習として絵を描いて提出すると、美術の成績に加算される制度がありました。みんながあまりやらないなか、私は好きなマンガのキャラクターを描いたり、先生の似顔絵を描いたりして提出していましたね。

学校行事では、文化祭が印象に残っています。合唱コンクールでは、パートリーダーや指揮者などをまかされ、張り切ってやっていたのを覚えています。

しっかり者だったという中学生時代の五十嵐さん。学校の発表ではみんなの前で積極的に意見も述べていた。また、ピアノ、習字、水泳と、習い事にもいそがしく、漬物の樽をたたく「樽太鼓」も習っていた。

部活はバスケットボール部を選択。ポジションはセンターだった。

Q 中学のときの職場体験は、どこに行きましたか?

1年生か2年生のときに老人ホーム、3年生のときに海洋深層水をペットボトルに入れて出荷する工場に行きました。老人ホームを選んだのは、ほかに行きたいところがなかったからです。工場のときは、仲のよかった友人といっしょのところに行きたかったので、ほかの人が選ばないようなところにしようと、友だちと相談して選びました。

Q 職場体験ではどんな印象をもちましたか?

老人ホームには15〜16人の大人数で行き、おじいちゃん、おばあちゃんたちの前で、演劇を行いました。ストーリーや役柄なども、みんなで考えてつくりました。私はそのころから、みんなで何かをするのが好きだったので、楽しかったです。親友がクラスのリーダー的存在だったので、その子といっしょに仕切っていたのを覚えています。職場体験の印象以上に、演劇づくりの思い出が記憶に残っていますね。

工場では、ペットボトルを機械に設置する仕事をしました。最初はとても楽しかったのですが、立ちっぱなしで、同じ作業のくりかえしだったので、これが何年も続くのは大変そうだなと思った覚えがあります。

Q この仕事を目指すなら、今、何をすればいいですか?

この仕事を目指すなら、さまざまな作品を見ておくとよいと思います。作品は、イラスト、アニメ、マンガ、小説、美術など、どんなものでもよいです。実際に自分でつくってみるのもよいかもしれません。

これから先、自分は何に向いているのだろうとか、何を目的に働けばいいんだろうと考える時期が来ると思います。もしかしたら、「好きなことを仕事にする」という発想だけでは難しいこともあるかもしれません。そんなときは、まわりに意見を聞いてみるとよいと思います。悩んだり考えたりしながら、好きなことを見つけてほしいです。

だれかを幸せにする作品をつくりたいクリエイターの夢を全力で応援します

– 今できること –

ふだんの暮らし

イラストやマンガについての知識は将来おおいに役立ちます。ただ作品を楽しむだけでなく、作品の描かれた背景や、作者自身のこと、作者が影響を受けた作品などを調べるとよいでしょう。図書館にある本のなかにも、pixivなどのイラスト投稿サイトからデビューした人が挿絵を担当しているものがあるはずです。

また、作品を広く知ってもらうための、さまざまな方法を考える仕事もあります。学校行事では、文化祭の実行委員など、運営側の立場を経験をしておくとよいでしょう。

 国語 作品のよさを伝えるためには、内容を考察する読解力、説明できる表現力と語彙力が必要です。また相手の気持ちを考えながら聞く力も身につけましょう。

 社会 注目される企画を考えるには、世の中の動向を知ることも大切です。各国の社会情勢を知り、人々がイラストやマンガに求めるものは何か考えてみましょう。

 美術 美術作品のよさや美しさを感じる力をみがきましょう。また、さまざまな作品の表現方法を比べてみましょう。

 英語 イラスト投稿サイトは海外の人も利用しています。また作品展やイベントなどは海外でも開催されるので、英語力を身につけましょう。

画材研究開発

Art Material Developer

ターナー色彩
日川あずささん
入社5年目 28歳

「こんな絵の具が
あったらいいな」
そう思って
開発しています

絵を描いたり、ものに色をぬるときには、さまざまな絵の具や塗料※を使います。その新しい色や新商品を考えて、つくるのが画材の研究開発者です。画材メーカーのターナー色彩で画材の開発をしている、日川あずささんにお話をうかがいました。

用語 ※ 塗料 ⇒ものの表面にぬって色をつけたり、保護をしたりするもの。

Q 画材研究開発とは どんな仕事ですか?

　私は絵の具などの新しい画材をつくる仕事をしています。試作をくりかえし、新しい質感や効果、性能のある商品を考えます。ほかには洗剤などのホームケア商品もつくっています。

　商品の開発は、自分でアイデアを出してつくる場合と、企業から、「こんな商品がほしい」と依頼されてつくる場合があります。自分でアイデアを出す場合は、まず社内の会議でアイデアを発表します。月に1度、新しい商品のアイデアを出し合う開発会議が開かれるので、アイデアにつながる情報を、ふだんから集めるようにしています。例えば、画材をあつかう商品の展示会を見に行ったり、ほかの会社の商品をチェックしたりすることが多いです。

　企業から依頼されてつくる場合は、相手が求めているものが何か、理解できるまで話し合いを重ねます。

　実際に商品をつくることが決まると、今度は作業の連続です。新しい色の絵の具をつくる場合、まずは色のもととなる、原材料を用意します。そして、混ぜる原材料の組み合わせを変えたり、分量を変えたりしながら、開発室で試作をくりかえします。こうして、目指した色の絵の具ができあがったら、次は工場での製造に必要な設備や原材料の確認、準備をし、生産が始まります。商品によって開発期間はちがいますが、完成までには平均で1〜2年くらいかかります。

新商品の試作品をつくっているところ。原材料の組み合わせを決め、分量を量る。

試作で配合が決まったら、次は工場で製造。

Q どんなところが やりがいなのですか?

　開発会議で、自分の考えた商品アイデアを認めてもらうのは簡単なことではありません。「どんなお客さんがこれを使いたいと思うのか」とか、「今の設備でこの商品をつくれるのか」など、厳しく審査されるからです。だからこそ、採用されたときはうれしさと、試作品づくりへのやる気が、わき起こります。

　さらに、それが商品となって発売され、使ったお客さんに喜んでもらえると、つくってよかったと、やりがいを感じます。そして、「もっとよい商品を考えてつくろう」と、次の仕事へのやる気にもつながります。

原材料を混ぜて色をつくる作業。ベテランの職人の技術が欠かせない。

日川さんのある1日

08:15　出社。作業着に着がえて
　　　　社内の掃除をする
　▼
08:30　ラジオ体操の後、朝礼
　▼
08:40　メールのチェックと、
　　　　その日に行う仕事を確認する
　▼
09:00　作業開始。目的の商品をつくるため
　　　　さまざまな原材料の組み合わせを
　　　　考えて混ぜ合わせ、
　　　　新商品開発に取り組む
　▼
12:00　ランチ
　▼
12:50　実際の商品ではどんな色になるか、
　　　　どんな素材に描くことができるかなど、
　　　　新商品の試験をする
　▼
17:15　着がえて、退社

Q 仕事をする上で、大事にしていることは何ですか？

新商品のアイデアを考えるとき、「自分が使うとしたら、どんなものがほしいだろう」という視点で考えることを大事にしています。つくる側としてではなく、使う側の目線に立って考えることが、お客さんにとってよい商品につながると思うからです。

そのため、会社で仕事をしているときだけでなく、ふだんから「こういう商品があったらいいな」、「こうしたらもっと便利になりそうだな」と気づいたことをメモしています。友人から、「こんな商品をつくれないかな」と提案されたことをもとに、アイデアを出すこともあります。

Q なぜこの仕事を目指したのですか？

もともと、私は何かを調べて研究することや、絵を描いたり、工作したりすることが好きでした。

私の通った高校はスーパーサイエンスハイスクール指定校※だったので、理科や数学を中心とした授業がたくさん組まれていました。そのなかで、私はカビの研究に夢中になり、生物について勉強できる大学に進学しました。卒業後は大学院に進学し、微生物の「こうじ菌」や「こうぼ菌」を使ってつくる日本酒の研究に取り組みました。

こうしたことから、就職活動では、清酒メーカーや食品メーカーの研究開発者なども探していましたが、そのなかでターナー色彩が研究開発者を募集していることを偶然に知り、興味をもちました。ターナー色彩の赤い「眼」のロゴマークを見たとき、中学校や高校の美術部で使っていた絵の具の会社だとわかり、親しみを感じたんです。

使った器具は、次の試作品づくりに備え、原材料が残らないようにしっかり洗う。

Q 今までにどんな仕事をしましたか？

大学院で微生物の研究をしていたことから、入社してすぐは、その研究が活かせる、ホームケア商品の開発をしました。具体的には、排水管の洗浄剤や、網戸専用のウェットシートなどを企画してつくりました。

その後、画材商品にも関わるようになり、布地にししゅう調の絵が描ける「ステッチカラー」という商品を開発しました。これが、私が初めて本格的に開発した画材商品です。

ステッチカラーは、ペンのように先が細く、パレットや筆を使わずに描けて、乾くとししゅうのような仕上がりになるのが特徴です。女性4人のチームで、企画するところから商品化まで協力して行いました。

本来はひとりでアイデアを考え、開発するのが基本なのですが、チームでつくったことで、いろいろなことに気づけたと思います。みんなで助け合って販売につなげることができ、とても感謝しています。

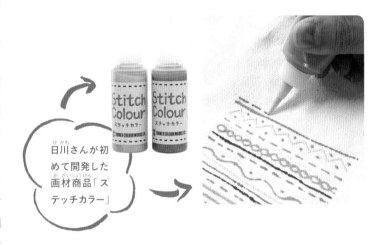

日川さんが初めて開発した画材商品「ステッチカラー」

Q 仕事をする上で、難しいと感じる部分はどこですか？

「こういう商品にしたい」という理想はあるのに、なかなかその通りにできなかったり、たどり着けなかったりするところです。

ステッチカラーで初めて画材の開発に関わったときは、原材料や配合、製法など、わからないことだらけで苦労しました。目指すところはわかっているのに、たどり着けないのです。そのときは、布に描ける塗料を開発している先輩や、まわりの人に相談しながら、考えられる可能性をすべて試し、何度も失敗をくりかえしてようやく完成させました。

用語 ※ スーパーサイエンスハイスクール指定校 ⇒ 科学技術や理科・数学教育を重点的に行う高校として、文部科学省の指定を受けた学校。

わからないことは先輩に質問する。「開発の仕事ができるのは、いろいろな人の協力のおかげです」と日川さん。

Q これからどんな仕事をしていきたいですか?

これからもお客さんの目線に立つことを忘れずに、多くの人に長く愛される商品を開発していきたいです。

小さいころの私は自分に自信がなく、すぐに「どうせ私には無理だから」と考えてしまうような子どもでした。でも、大人になってまわりを見ると、人生を楽しんでいる人やいきいきとしている人はすてきで、見習いたいと思うようになりました。いろいろなことに好奇心をもち、積極的に取り組むこと。それが、「こんな商品がつくりたい」につながると思っています。

Q ふだんの生活で気をつけていることはありますか?

新しいことにも積極的に挑戦し、興味があることには、じっくり取り組むようにしています。最近、私は休みの日にランニングを始めました。子どものころから運動が苦手だったので、まさか自分がこんな趣味をもつとは思ってもいませんでした。でも、やってみるとおもしろくて、すっかり夢中になっています。以前は走れなかった距離がだんだん走れるようになったり、筋力がついて疲れにくくなったりすると、力がついたことに気づきます。いずれはマラソン大会に出場したいという目標もできました。

また、何より心がけているのは、いつも笑顔でいることです。自分が毎日を楽しんでいないと、よいアイデアも浮かんできません。好きな音楽を聴いたり、本を読んだりして、リラックスする時間も大切にしています。

• パレットと筆 •

• カラーマーカー •

PICKUP ITEM

学生時代から画材として愛用しているパレットと筆、そしてカラーマーカー。今は新商品を考えるときの参考用として使っている。

画材研究開発に関わるには……

画材研究開発の仕事は、原材料の組み合わせや製造方法などを研究し、新たな商品を生み出すことです。そのためには化学の知識が必要です。多くの画材メーカーは、大学の理系学部の卒業を採用条件としているため、理学部や理工学部のある大学に進学し、化学を中心に理系の知識を身につけると有利です。また、大学院に進んで、化学をよりくわしく学ぶのもよいでしょう。

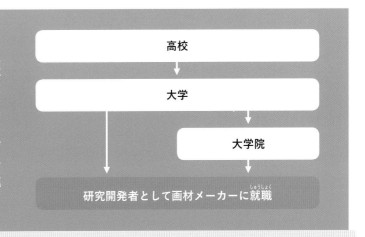

高校 → 大学 → 大学院 → 研究開発者として画材メーカーに就職

Q この仕事をするには どんな力が必要ですか？

いろいろな手段を試しながら、「こういうものをつくりたい」という目標に向けてゴール地点までたどり着く粘りづよさが必要です。この仕事は、「こんな色をつくりたい」と思っていても、その色が出なかったり、紙に描くと色がちがって見えたりして、やり直すこともよくあります。しかし、そこであきらめずに、原材料を変えたり、組み合わせを変えたりして試作をくりかえすことで、目標とする商品になるのです。ただ、追求し始めるときりがありません。そのため、制限期間のなかでベストをつくすようがんばっています。

また、商品を開発するには、お客さんが求めているものを想像する力が必要です。いろいろなことに興味をもって、お客さんの「あったらいいな」に気づくことが大切ですね。

日川さんの夢ルート

小学校 ▶ 画家・学校の先生

絵を描くことや工作が好きで、
画家や先生にあこがれた。

▼

中学校・高校 ▶ とくになし

やりたい仕事というのはなかった。
授業でいろいろな実験をするうちに
カビに興味をもった。

▼

大学 ▶ 生物に関する仕事

カビについて勉強するため、生物学を選択。
専門知識を活かした
ものづくりがしたいと思うようになった。

▼

大学院 ▶ 開発者

食品メーカーや日本酒メーカーで
開発の仕事をしてみたいと思った。

Q 中学生のとき、 どんな子どもでしたか？

本もよく読んでいましたし、勉強もいやではありませんでした。中学1年生のときから塾に通い、勉強は毎日していました。得意だった科目は英語と美術です。勉強の息抜きによく音楽を聴いていました。

部活は美術部で、おもに交通安全や環境保全などのポスター制作に取り組みました。当時、よく使っていた画材が、ターナー色彩のポスターカラーや水彩絵の具、カラーマーカーでした。

中学3年生のときには、その年の文化祭の象徴となる展示作品の制作リーダーを引き受けました。全校生徒ひとりひとりに折り紙を折ってもらい、球体にはり合わせた大きな作品を完成させました。時間や手間のかかる大変な作業でしたが、自分が想像したものがかたちになっていく楽しさを知ることができ、忘れられない経験になりました。

美術部に入っていた日川さん。ひとりでやっと持てるような大きいサイズの作品も描いていた。

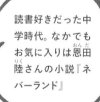

読書好きだった中学時代。なかでもお気に入りは恩田陸さんの小説『ネバーランド』

好きだったバンドは、BUMP OF CHICKENと、ASIAN KUNG-FU GENERATION。

Q 中学のときの職場体験は、どこに行きましたか？

中学2年生のとき、消防署で2日間の職場体験をしました。消防士さんの出動がないときに、ふだん消防士さんたちが行っている訓練を体験させてもらいました。やらせてもらったのは、消火訓練や救急救命の訓練、ロープやすべり棒ですばやくおりる訓練などです。はしご車にものせてもらい、とても印象に残っています。

Q 職場体験ではどんな印象をもちましたか？

消防士さんたちは、ふだんこんなに地道に訓練をしたり、体をきたえたりしているんだと知って、おどろきました。体験に行くまで、消防士といえばかっこいいヒーローのような、はなやかなイメージをもっていたからです。日ごろから厳しい訓練を積み重ねることで、火事などの現場で力を出し、活躍することができるのだということが、すごくよくわかりました。

私たち商品開発の仕事も、商品化という目標に向かって、失敗をくりかえしながら、一歩ずつ前に進んでいます。地道な作業の積み重ねがよい仕事につながるところは同じなのだなと、今実感しています。

Q この仕事を目指すなら、今、何をすればいいですか？

私はもともと美術が好きでした。そして、それとは関係なく、微生物に興味をもち、勉強しました。まったく別のふたつのことが、結果的に今の仕事につながっています。ですから、興味をもったことには全力で取り組んでください。そして勉強をがんばってください。

進路を選ぶときには、自分の意志をもつことが大切です。親に言われたからとか、まわりに自慢できるとか、自分の意志以外の理由で決めてしまうと、いつかつまずいたり苦しくなったりします。自分の意志で決めたことなら、遠まわりになっても後悔はないと思いますよ。

絵を描くことが楽しくなる新しい商品をつくりみんなに届けたいです

− 今できること −

ふだんの暮らし

画材にはさまざまな種類があります。絵の具はもちろん、ふだん使っている鉛筆や画用紙なども画材のひとつです。画材店やデパートの画材売り場に行って、どんな画材が売っているのか調べてみましょう。試しに何か買って使ってみると、その画材の色や使い心地がくわしくわかります。

また、学校の美術部に入って、実際に画材を使って絵を描いてみるのもよいでしょう。こういう絵にはこの画材が合う、といったことを実践的に学ぶことができます。

 理科 新しい塗料を開発するときには、さまざまな原材料を混ぜます。化学変化についての実験を通し、物質を混ぜることで、物質が変化することを理解しましょう。

 美術 画材道具の使い方を学びましょう。実際に絵を描き、色を混ぜたときにどう見えるか、筆の種類によって絵にどのようなちがいが生まれるかなどを知りましょう。

 技術 画材の開発はものづくりの仕事です。材料の特徴を学び、材料に合ったものづくりができるようになりましょう。また、工具や機器の安全な使い方を覚えましょう。

 英語 画材や色の名前の多くは英語で表されます。美術に関係する語彙を増やしましょう。

絵画修復士
Conservator

パラッツオ・スピネッリ
芸術修復学院
吉田久美子さん
入社5年目 32歳

傷んだ絵画を修復し、
もとの美しさを
よみがえらせます

どんなにすばらしい歴史的名画も、時間の経過とともによごれたり傷んだりしてしまいます。これを修復し、もとの姿によみがえらせるのが、絵画修復士です。パラッツオ・スピネッリ芸術修復学院の講師でもある、吉田久美子さんにお話をうかがいました。

Q 絵画修復士とは どんな仕事ですか？

時代をこえて受けつがれてきた絵画は、保管状態や展示環境などによって、よごれたり、傷ついたりしていることがあります。このような絵画をできる限りもとの状態にもどし、次の世代へつないでいくのが、絵画修復士の仕事です。

修復は、その作品がどの時代に描かれ、どのような道具を使ってどんな技法で描かれたのか調べるところから始まります。また、作者の表現したかったことや、作品の主題なども調べます。こうしてわかったことをもとに、今度はどんな方法で修復を進めるか、計画を立てます。具体的な作業の方法は、作品の特徴や、傷み具合によってちがいます。例えば、作品の土台であるキャンバス※がもろくなっているのを補強する場合は、古いキャンバスの裏に、新しいキャンバスをはりつける「裏打ち」をします。

絵の具が、かたくなってひび割れを起こしているのを直す場合は、専用の接着剤を使って、ひびが広がらないように絵の具を固定します。その後、修復専用の絵の具を使い、まわりの色合いや描き方になじむように慎重に加筆して、ひびが見えないようにします。

また、作品がよごれている場合は、専用の液体をしみこませたコットンでふいて、少しずつよごれだけを落とし、きれいにします。油絵というのは、何度も色をぬり重ねて表現される絵なので、表面がでこぼこになっています。そのため、ほこりやカビ、虫のふんなどがつきやすいのです。

このようにして修復した絵画を持ち主に返すとき、適切な保管方法を伝えることも絵画修復士の仕事です。

作業のときは手ぶくろとマスクを着用。慎重に少しずつ色を補っていく。

Q どんなところが やりがいなのですか？

自分が生まれるより、はるか昔に描かれた作品が、修復によってもとの色をとりもどし、描かれた当時と同じ状態で見られるようになるところです。そして、今後さらに100年、200年と継承されていく作品の歴史のなかに、自分も関われることにも、大きなやりがいを感じています。

美術品の修復では、作者がこめた思いや、もともとの表現を尊重することが何より大切です。例えば油絵の作品を修復する場合、修復士は、油絵の具を使いません。あえて洗い流すことができる専用の絵の具を使い、どこが修復した場所なのか、後年になってもわかるようにしておきます。

作品の一点一点と向き合い、最適な修復を行う仕事は、責任をともないますがとても刺激的です。

白く光っているところが修復した部分。紫外線ライトをあてたとき、修復したところがはっきりとわかるように、専用の絵の具を使うのが修復のルール。

吉田さんのある1日

08:45	修復作業の現場入り 修復に必要な道具の準備をする
09:00	修復作業
13:00	ランチ
14:00	打ち合わせ。次に修復する絵の持ち主と会い、予定を確認する
15:30	修復作業
17:30	作業終了。道具をかたづけ、作業内容を作業日誌に書く。修復部分を写真に撮って残すこともある
18:00	帰宅

用語　※ キャンバス ⇒ 絵を描くための布。木の板や厚紙に接着されたものや、木枠に張られたものがある。おもに油絵に使われる。

Q 仕事をする上で、大事にしていることは何ですか?

絵と真剣に向き合い、調査することです。

絵画修復士は「絵画のお医者さん」と呼ばれますが、絵はどこが傷んでいるのか言葉で話してはくれません。そのため、私たち修復士がひとつひとつ調べ、傷んだ原因を探ることになります。例えばひび割れた部分があった場合、絵の具の乾燥によるものなのか、またはキャンバスのゆがみによるものなのか、といったことです。原因がちがえば、修復方法も変わるので見落とせません。このように、しっかり作品の状態を調べることを何より大事にしています。そして修復作業中に、もっとよい修復方法が見つかったら、臨機応変に対応していくように心がけています。

このほか、絵画の保存方法について持ち主に伝えることも大切に考えています。絵画を無事修復できても、よごれや傷の原因となった環境にふたたび置かれたら、また修復が必要となってしまうからです。

「作品と向き合い、どこが傷んでいるのか、原因は何か調べることが、修復にはとても大事な作業なんです」

Q なぜこの仕事を目指したのですか?

もともと絵画が好きで、子どものころには「お絵かき教室」にも通っていました。しかし、そのときから「私は絵を描くのは、あまり向いていないな」と、感じていました。

絵画のほかに、自然や生き物にも興味があったので、大学では森林資源に関する研究に没頭していました。そのとき、ひとつのことを突き詰めて調べ、研究する仕事が自分には向いていると思うようになりました。

小さいころから好きだった絵画の世界で、調査や研究ができる仕事は何かないだろうかと考え、すべてにあてはまっていたのが、「絵画修復士」という職業でした。

Q 今までにどんな仕事をしましたか?

大学を卒業し、絵画修復士の養成学校であるパラッツオ・スピネッリ芸術修復学院で技術を学んでからは、ずっと絵画修復士として仕事をしています。依頼主はおもに、絵を展示して販売する画廊や美術館などです。今までにさまざまな大きさの絵画を修復してきました。

また、パラッツオ・スピネッリ芸術修復学院東京校の講師として、絵画修復の基礎を教えることもしています。この養成学校は、本校がイタリアのフィレンツェにあります。私は大学卒業後に入学し、1〜2年目は東京校で学び、3年目から本校で学びました。イタリア留学中は、本物の絵画にふれながら、実践的な技術と、西洋美術史や修復理論、化学などの知識を身につけました。

講義中の吉田さん。「保存修復の重要性を広く伝えていきたいです」

Q 仕事をする上で、難しいと感じる部分はどこですか?

作者の意図することを絵から読み取り、どう修復すればよいか、答えを導き出すのが難しいです。作者の表現方法や作風によっては、時間の経過によって起こる変化に価値があると考え、直すことをよしとしない人もいます。毎回あらゆる可能性を考えて作品に向き合うのですが、この修復方法で本当によいのか、つねに自問しながら進めています。

難しいこととは少しちがいますが、肉体的なつらさもあります。大きいサイズの絵のときなど、修復したところによってはずっと中腰の姿勢で作業しないといけないこともあります。そのせいで、背中や腰が痛くなってしまうんです。動かない仕事だから体は疲れないだろうと思うかもしれませんが、肉体的にも意外と大変なんですよ。

Q ふだんの生活で気をつけて いることはありますか?

修復の仕事は長時間の集中力が必要となるので、仕事と休みのメリハリを、きちんとつけるようにしています。休憩時間や休みの日には、肩の力をぬいて心を整え、ゆっくり休むように心がけています。

修復作業中は、やる気を高めるため、自分の好きな音楽を聴きながら仕事をすることが多いです。

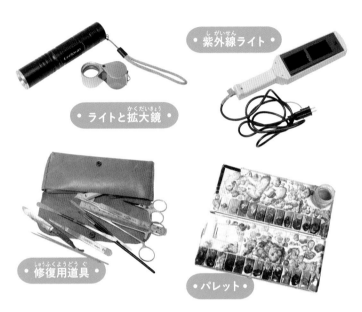

・紫外線ライト

・ライトと拡大鏡

・修復用道具

・パレット

PICKUP ITEM

ライトと拡大鏡は、絵の状態を確認するときに使用。紫外線ライトをあてて、過去に修復したところがないかもチェックする。修復用の道具は、メス、はさみ、ピンセット、竹串など。キャンバスの補強用に使う布地をメスやはさみで小さく切り、切った布に竹串の先で接着剤をぬってキャンバスの裏にはるなど、使い方はさまざま。パレットは、色の補充を行うときに使用する。

Q これからどんな仕事を していきたいですか?

これまでと変わらず、油絵を中心に、さまざまな時代の作品修復を行い、経験と実績を増やしていきたいです。

また、今は20世紀以降につくられた「現代アート」とよばれる作品がどんどん増えてきています。これまでになかった画材や技法を組み合わせてつくられた現代アート作品は、時間が経つとどう変化するのか、またどんな修復方法がよいのか、わかっていないことがたくさんあります。現代アートの修復でも適切な処置ができるように、つねに新しい知識を得ていきたいです。

今後は現代アートの修復も増えるだろうと予測する吉田さん。新たな分野への挑戦にも意欲を見せる。

「教える立場にもいますが、学ぶ姿勢も忘れないように心がけています」

絵画修復士になるには……

まずは、絵画の修復技術が学べる大学や専門学校に進学しましょう。多くの人は卒業後、修復工房や美術館につとめながら、絵画修復士になるための経験を積みます。また、美術作品の多いイタリアには絵画修復技術士の資格試験もあり、取得すると修復士として世界的にも認められます。そのため海外の技術士養成学校に留学し、資格取得を目指してもよいでしょう。

高校

↓

大学・大学院・専門学校（保存修復系）

↓

修復工房などで研修 ⟷ 海外の養成学校に留学

↓

絵画修復士

Q 絵画修復士になるには どんな力が必要ですか?

絵画修復士には、絵に描かれているものを見逃さない観察力と、絵の本質を見ぬく力が必要です。その上で、もとの姿をイメージする力と作業に没頭する集中力、粘りづよくがんばる根気強さ、作品全体を見るバランス感覚が必要です。また、絵画の大きさや傷みの進行具合によっては、4～5人のチームでいっしょに修復をすることもあるので、仲間と連携して物事に取り組むことができる力も必要です。

このほかナイフやはさみ、溶剤※など、さまざまな道具を使うので、整理整頓ができるとよいです。かたづけがうまくできていないとケガをしたり、知らないうちに溶剤の成分を吸いこんで体調をくずしたりする可能性もあるからです。私自身、安全に作業できるような環境づくりをつねに心がけています。

吉田さんの夢ルート

> **小学校 ▶ ケーキ屋さん・獣医**

聞かれるたびにちがう夢を答えていた。

▼

> **中学校・高校 ▶ 生物学の研究者**

動物が好きで、動物の生態を
観察するような研究者になりたいと思った。

▼

> **大学 ▶ 研究職**

大学で森林資源に関する研究をするうちに、
研究職が向いていると感じた。
ただし、何を専門にするか決めきれなかった。

▼

> **養成学校 ▶ 絵画修復士**

専門知識を学ぶため、修復士養成学校へ進学。
油絵など、西洋絵画の修復を
専門とすることに決定。

Q 中学生のとき、 どんな子どもでしたか?

動物が大好きだったので、当時は「生物学の研究者になりたい」と何となく思っていました。しかしその割には、生物学に必要な、数学や化学の勉強は苦手でした。テストの点数も、文系科目と比べてあまりよくありませんでした。

今考えると、当時の私は、宿題をしただけで勉強した気になっていたのがよくなかったのだと思います。「理解できなければ、勉強したことにはならないんだよ」と、当時の私に言いたいです。

中学3年生の修学旅行で、人生で初めて海外に行きました。行き先は姉妹校のあったイギリスです。修学旅行に行く前から現地の中学生たちと文通をしていて、現地でその中学生たちと実際に会うことができました。教科書で学んだ英語を必死に使って話したのを覚えています。私のつたない英語にも現地の中学生が熱心に耳をかたむけ、対等に話してくれたのが、とてもうれしかったです。

イギリスでの経験があったことで、絵画修復士になるために行ったイタリア留学も、ためらわずチャレンジすることができたのだと思います。

中高一貫の女子校に通っていた吉田さん。課外学習も多く、これは、東京・浅草に行ったときの写真。

絵画は好きだったが、描くことにはあまり関心がなかったという吉田さん。そのため、部活も美術部ではなく、弓道部を選択した。

用語　※ 溶剤 ⇒ものを溶かすときに使う液体。絵画に付着したよごれを落とすために、専用の溶剤を使うことがある。

Q 中学のときの職場体験は、どこに行きましたか？

私の通っていた中学校には、職業体験はありませんでした。その代わり、「28プロジェクト」という取り組みがありました。「28」というのは、年齢をさしています。28歳という年齢は、多くの人にとって、人生設計を改めて考える時期にあたります。私の中学は女子校だったので、「28歳になったときに、社会で活躍している女性になろう」というのが、この授業の目的でした。

内容は、社会で活躍している卒業生が学校に来て、自身の仕事についての講演をしてくれたり、自分たちでさまざまな職業を調べたりするような授業でした。

Q この仕事をめざすなら、今、何をすればいいですか？

視野を広くもち、さまざまな体験をしてください。絵画修復士は技術者です。ただ絵がうまいから、ただ絵が好きだからというだけでなれる職業ではありません。絵画についての知識はもちろん、絵の持ち主や美術館の職員、修復士の仲間など、最適な修復方法を見つけるために多くの人と関わります。さまざまな体験をしておくと、大人になって人とコミュニケーションをとるとき、役に立つはずです。

また、絵画の修復に関する材料や技術的な情報は、英語などの外国語で書かれています。そのため、英語の勉強に力を入れておくのも大事だと思います。

Q 「28プロジェクト」ではどんな印象をもちましたか？

仕事についての話を聞くうちに、自分の将来や進路を真剣に考えるようになりました。また、「あこがれの職業に就くためには努力をして、自分の強みをもつことが必要だ」ということを知りました。そして、自分の長所や短所、性格などを理解した上で、自分には何ができるか考えることが大切だと気づきました。この授業によって生まれた人生設計への意識が、仕事選びのときにも役に立ったと思います。

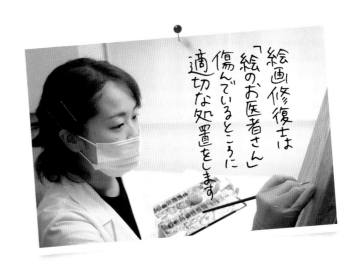

絵画修復士は「絵のお医者さん」傷んでいるところに適切な処置をします

－ 今できること －

ふだんの暮らし

絵画修復士の仕事は、描かれてから長い時間が経ち、よごれたり傷んだりしてしまった絵をもとにもどすことです。そのため、当時使われていた色や、描き方などを知らなければつとまりません。学ぶためのもっともよい方法は美術館に行き、いろいろな絵画を見ることです。作品のそばには描かれた年代や画材、作者などの情報が書かれているので、読んでみるとよいでしょう。また、修復された絵画が展示されることもあります。修復した部分が示されている場合は、注目してみましょう。

社会
修復方法を探るとき、描かれた時代や、作品の歩んできた歴史が手がかりとなることがあります。日本史と世界史の両方を学び、絵画との結びつきを考えましょう。

理科
修復作業には溶剤など専用の薬品を使うことがあります。薬品の安全なあつかい方について学びましょう。

美術
美術文化についての理解を深め、絵画の歴史的価値を学びましょう。また、画材用具の特徴を覚え、好きな絵画作品がどのように描かれたものか考えてみましょう。

英語
絵画作品は、ヨーロッパ各国やアメリカの美術館に保管されているものが多くあります。どこから依頼があっても困らないよう、英語で話せるようになりましょう。

アートディレクター

Art Director

土田あゆみさん
6年目 31歳

だれも見たことのない
新しいものを
生み出したい

広告の制作などで、企画から作品の完成までの全工程で、デザイン面の責任者として指揮をとるアートディレクター。これまで数多くのファッションブランドや化粧品の広告を制作しているアートディレクター、土田あゆみさんにお話をうかがいました。

Q アートディレクターとはどんな仕事ですか？

テレビCMやWEBサイト、雑誌などにのっている広告のほか、新しい商品のパッケージなど、さまざまな広告をつくるときに、企画から完成までのデザインの責任者となるのがアートディレクターです。

例えば、ある化粧品の広告をつくるとします。まず広告をつくろうとしている企業や広告代理店※からどんな商品なのか、どんな人たちに使ってほしいのかなど、打ち合わせをして、細かいところまでよく話を聞きます。

その後、どんな広告にするか企画をまとめます。パソコンを使って関係者みんなが理解できるような見本をつくったり、企画書を書いたりします。そして、広告を依頼した企業に提案し、意見をもらいます。もし、何か要望があったときは、企画を考えなおすこともあります。

内容がまとまったら、実際に広告の制作をはじめます。カメラマン、スタイリスト、イラストレーターなどを決め、それぞれと打ち合わせをしながら、アイデアをかたちにしていきます。写真やデザイン、イラストなど、頼んだ仕事が、ねらった通りになっているかチェックして、なっていなければ、修正をお願いすることもあります。

私はファッションや化粧品などの仕事が多く、カタログやポスター、WEBサイトをおもにつくっています。ときには商品やブランドの新しい名前や、どこにお店を出すかといったことまで依頼を受けて、考えることがあります。ショップバッグやお店で流す映像をつくることもあります。

このようにアートディレクターの仕事のはばは広く、関わる人の数も多いので、人に伝えるためのはっきりとしたイメージと、わかりやすい言葉が必要です。

Q どんなところがやりがいなのですか？

毎回、仕事の内容がちがい、さまざまな人たちと仕事ができるところが、やりがいです。

まず依頼主は毎回ちがいます。依頼主とアートディレクターの間には広告代理店の人たちが入ることもあるのですが、いつも同じ人とは限りません。そのため仕事の相談がくると、まず相手がどんなものを希望しているのか、どうしたいと思っているのか、くわしく話を聞くことが大切なのです。それに合わせて、自分の提案も変えていきます。仕事ごとに新しいものを生み出さなければならないので簡単ではありませんが、その分やりがいにつながります。

カメラマンや、デザイナー、イラストレーターなどを選ぶとき、私は基本的にはできるだけちがう人を選ぶようにしています。過去に自分がつくったものと同じようなものをつくりたくないからです。

こちらからお願いするだけでなく、まだ経験の浅い若手の人や、自分から「やらせてください」と言ってきてくれる人と組むこともあります。今まで仕事をしたことがない人と仕事ができるのは、新鮮でおもしろいです。

土田さんが手がけた「bukht」というファッションブランドのポスター。

土田さんのある1日

09:00	メールをチェックして、1日のスケジュールを確認する
10:00	企画の打ち合わせ
12:00	企画書やデザインの作成
14:00	ランチ
16:00	撮影
20:00	終了。写真を確認し、カメラマンに仕上がりについて指示
21:00	メールをチェックして、制作の状況を確認する
22:00	帰宅。インターネット電話を使って海外の担当者と連絡をとる

用語　※ 広告代理店 ⇒ 広告を出したい企業に代わって広告をつくり、メディアに出すのを請け負う会社。

Q 仕事をする上で、大事にしていることは何ですか？

私が目標としているのは、「こういうものをつくってください」と頼まれるのではなく、「土田さんのアイデアで新しいことをやってください」と言われることです。全面的にまかせてみたいと思われる仕事をするために、新しくて、かっこいいと思ってもらえるものをつくることを心がけています。

「かっこいい」がどういうものなのかを言葉にするのは難しいですが、尊敬している人たちに「かっこいいね」と言ってもらえることを目標にしています。

時間に追われる毎日だが、ひとつひとつの仕事を楽しむことも大事にしている。

Q なぜこの仕事を目指したのですか？

もともと絵を描いたり、ものをつくったりすることが得意でした。得意なところをのばしていったら今の仕事にたどりついた、という感じです。

アートディレクターという呼び名が一般的に使われるようになったのは、わりと最近のことです。テレビなどでアートディレクターという職業が取り上げられるようになったのも、私が高校生から大学生だった時期のことでした。

もともとデザインやアートに興味があったので、本を読んだり、ファッション雑誌や写真集などをたくさん集めたりして、「このアートディレクターはだれだろう？」と調べていましたね。

Q 今までにどんな仕事をしましたか？

芸術大学を卒業した後、広告代理店で3年間働きました。大学でデザインをしっかり学んでいたので、そのまま独立することも考えましたが、一度企業に入って、社会人としての知識を身につけようと思ったんです。

その会社では、グラフィックデザイナーとしてWEBサイトや化粧品の広告のデザインなどをしていました。すでに決まった方針や枠組みに基づいてデザインすることに満足できなかったので、入社半年で社長に「新しいことをやりたいです」と相談しました。すると、新しくできたスマートフォンアプリの会社をまかせてもらえることになりました。

当時は、みんながスマートフォンを持つようになり始めたころでした。インターネットの知識やWEBサイトづくりなどを習得しておこうと思い、一生懸命に勉強しました。このときの経験は、今とても役立っています。

Q 仕事をする上で、難しいと感じる部分はどこですか？

毎回、楽しみながら仕事をしているので、基本的にありません。ただ、制作する上で全責任をとる立場にいるので、責任の重さは感じます。

仕事を受けたら私はまず、自分自身の目標を立てるようにしています。それは商品を売る数だったり、WEBサイトを見てくれる人の数だったり、仕事の内容によって変わります。それが達成できなかったときは、何が原因だったのかを考え、次に活かすようにしています。

仕事ではIllustratorやPhotoshopなどのアプリを使うことも多い。

Q ふだんの生活で気をつけていることはありますか？

仕事がら、着る服には気をつけています。洋服が好きなこともありますが、ファッションの現場だとみんなおしゃれだからです。

もちろん、健康にも気をつけています。体調をくずして迷惑をかけるわけにはいかないからです。そのため、運動と栄養をとることを心がけています。

また、仕事に活かせるように、いろいろなものを見たり、聞いたりするようにしています。映画でも音楽でも、建築物でも食べ物でも、もちろんデザインや美術でもです。アートディレクターはいろいろな知識が必要なので、ふだんからどんなものにも関心をもっています。

「個人で仕事を受けているので、すべての責任が自分にかかってきます。大変ですが、毎日おもしろいです」

・スケッチブックと色えんぴつ・

・雑誌・

PICKUP ITEM

いつも持ち歩いているパソコンと、スケッチブックと色えんぴつ。色えんぴつは、思いついたイメージをすぐにそのまま残せるように、多くの種類の色をそろえている。海外の雑誌は、貴重な情報源のひとつ。

・パソコン・

Q これからどんな仕事をしていきたいですか？

日本だけでなく、世界を舞台に仕事をしたいと思っています。そのため、2019年からアメリカのニューヨークに拠点を移しました。世界のクリエイターと交流しながら、世界を相手に仕事をしていきたいです。

2016年に一時アメリカのサンフランシスコに拠点を移したことがありました。そのときは、現地のグラフィックデザイナーやアートディレクターの話を聞くために、交流会によく出かけました。そして、どんな考えでものをつくっているのか、フリーランスはどうやって仕事を受けているのかなどを聞きました。アメリカでは、年齢も性別もまったく関係なく、制作中はケンカをする勢いで自分の意見をぶつけ合っています。でも、そうしてできたものはすごくかっこいいんです。仕事を終わらせることがゴールではなくて、「よいものつくる」ことがゴールということを忘れず、かっこいいものを求め続けていきたいです。

アートディレクターになるには……

アートディレクターになるには、写真や映像、イラストなどに関するはば広い知識が必要です。美術系の大学や専門学校に進学して、デザインについて学ぶとよいでしょう。多くの人は、卒業後に広告制作会社やデザイン事務所などでグラフィックデザイナーとして経験を積み、アートディレクターを目指します。その後、独立して活動している人もいます。

高校
↓
大学・専門学校（美術系）
↓
グラフィックデザイナーとして経験を積む
↓
アートディレクター → 独立

Q この仕事をするには どんな力が必要ですか？

アイデアを生み出すセンスと、思い描いたものをかたちにするデザインの技術と知識が必要です。これに加えて、コミュニケーション能力も必要です。依頼主や広告代理店との交渉や、スタッフとのやりとりがあるからです。それぞれの意見をまとめた上で、自分の提案に納得してもらわなければいけません。

関わる人が多くなればなるほど、意見が分かれ、思うように仕事が進まないこともあります。それを調整するのもアートディレクターの役目なので、忍耐力が必要です。また、打ち合わせや撮影などが続き、寝る時間がないほどいそがしいこともあるので、体力も根性も必要です。

「つねに新しいものをつくるために、ふだんからさまざまな作品を見て、刺激を受けています」

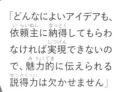

「どんなによいアイデアも、依頼主に納得してもらわなければ実現できないので、魅力的に伝えられる説得力は欠かせません」

土田さんの夢ルート

小学校 ▶ スポーツ選手

ミニバスケットボールをしていて足が速く、走ることが好きだった。

▼

中学校・高校 ▶ アート関係

中学では昼休みに絵を描いていて、芸術祭では何度か賞をもらった。

▼

大学 ▶ アートディレクター

本や雑誌でアートディレクターの存在を知って、興味をもつようになった。

Q 中学生のとき、 どんな子どもでしたか？

テニス部に所属していて、部活一筋の生活でした。チームを日本一にしたことのある先生がいたので、とても厳しかったです。朝練から始まり、放課後は夜遅くまで練習、土日はいつも強化合宿でした。県選抜のチームとの合宿で海辺をランニング、なんていうこともありました。休みはお正月の3日間だけです。そのかいあって、全国大会でベスト8までいったことがあります。

走るのも得意だったので、中長距離の選手として、陸上部もかけもちしていました。駅伝もやっていて、県の区間新記録を出したこともあります。かなりのアスリートでした。

小学生のころから美術にも関心があり、芸術祭に毎回作品を出展していました。中学生になると、美術の先生が私の作品を気に入り、画材を貸してくれたので、昼休みに絵画を描いていました。それを先生が芸術祭に出展して、賞をもらったことがあります。スポーツと同じくらい、美術も大好きでした。

最初はスポーツ推薦で高校に行こうと思っていました。でも、中学で日本一になれなかったので、将来スポーツ選手になることは厳しいかもしれないと判断して、スポーツをすべてやめて進学校に進むことにしました。

部活動に明け暮れた中学時代。体力と根性はこのときから抜群。

Q 中学のときの職場体験は、どこに行きましたか？

いちばんおしゃれなところに行きたいと思い、美容室を選びました。2日間、タオルを洗濯したり、床を掃除したりしました。はなやかなイメージとちがって、実際の仕事は地味で大変なんだなと、意外な印象を受けた覚えがあります。

また、職場体験をしたことで、美容室が身近に感じられるようになりました。

Q 職場体験ではどんな印象をもちましたか？

職場体験中に、短い髪に細かいパーマをたくさんかける「パンチパーマ」のお客さんが来て、そのお手伝いをしたことがありました。何十本も上手に髪にパーマのロッド（髪を巻きつける棒）を巻いていく美容師さんを見て、「この人すごい！」と思いました。

そのときに、私はふつうの人にはできない技術にこそ価値がある、ということを知りました。それまでは、髪の毛を切るだけなのに、美容室はどうしてこんなに高い料金をとるんだろうと思っていたんです。でも、その人が技術を身につけるまでにどれだけの努力をしたのかを考えたら、当たり前のことだったんだとわかりましたね。

Q この仕事を目指すなら、今、何をすればいいですか？

たくさんのアートにふれることです。美術館に行けなくても、今はインターネット上にいくらでも美術作品は出てきます。私もそうやって情報収集することもあります。例えば、Instagramでは世界中の有名なクリエイターの作品をすぐに見ることができます。本でも映画でも音楽でも、興味をもったことを深めていくと、それが職業にもつながっていくかもしれません。中学生という若さを活かし、話を聞いてみたい人がいたら、勇気を出して連絡してみたらよいと思います。きっと、おもしろいと思って会ってくれるかっこいい大人がいっぱいいますよ。

アートディレクターは司令塔。すべての責任を負ってかっこいいものをつくります

－ 今できること －

ふだんの暮らし

アートディレクターには、独自のアートの感覚とチーム全体をまとめる力の両方が必要です。まずは、広告や映像、写真など、さまざまな種類のアート作品にふれてみましょう。自分の目で見て感じることで、将来専門としたい分野が見つかるかもしれません。

また、文化祭などでクラスの出し物をするようなときは、積極的に参加しましょう。出し物の内容や、会場となる教室の装飾などを考え、クラスの仲間をまとめることにも挑戦してみてください。

国語
アートディレクターの仕事では、チームや企業との細かいやりとりが不可欠です。説明や発表を通して、自分の意見を相手にしっかり伝えられるようにしましょう。

音楽
音楽も芸術のひとつです。アイデアやデザインのイメージが浮かぶきっかけになることもあるので、日ごろから音楽にふれて、表現のはばを広げましょう。

美術
美術の時間では、アートについて実践的に学ぶことができます。手法や表現方法を知り、自分で作品をつくることは将来の活動に役立つはずです。

英語
アートに関する情報を、海外の雑誌や本から集めることも大切です。読解力や語彙力を身につけましょう。

仕事のつながりがわかる

アートの仕事 関連マップ

ここまで紹介したアートの仕事が、
それぞれどう関連しているのか、見てみましょう。

デザインを納品

デザイン事務所

販売店から購入した、画像の加工アプリや
デザイン用のアプリを使って、ポスターや本、
広告や商品パッケージなどをつくる。アー
トディレクターからの依頼で、デザインを
担当することもある。

P.4

クリエイティブ ソリューション営業

会社が開発した、画像の加工用アプリや、ポ
スターや本のデザインをするアプリ、映像編
集用アプリを、多くの人に利用してもらうた
めの戦略を考える。販売店の担当者といっ
しょに、アプリの機能を説明するため、デザ
イン事務所などへ出向くこともある。

アプリの機能を説明

仕事を依頼　**作品を納品**

イラストレーター、マンガ家

イラスト投稿サイトで作品を発表する。作
品づくりの方法は人それぞれだが、販売店
から購入したアプリを使って、作品をつく
る人も多い。

連携

アプリの販売店

画像やポスター、本、映像を加工したり編集
したりするためのアプリをクリエイターに向
けて販売。クリエイティブソリューション営
業と協力する。

アプリを販売

仕事を依頼　**作品を納品**

参加できる企画を立てる　**企画に参加**

P.16

アプリを販売

出版社やアニメ会社などの企業

イラスト投稿サイトを見て、有力なイラスト
レーターやマンガ家、小説家などのクリエイ
ターに仕事を依頼する。プランナーと協力し
て、イラスト投稿サイトの企画を実現させる。

イラスト投稿サイト プランナー

クリエイターたちが作品を発表し、活躍の
場を広げられるような場をつくる。出版社
やアニメ会社などの企業と協力して、クリ
エイターたちがイラスト投稿サイトを利用
したくなるような企画を成功させる。

サイトを閲覧

連携

※このページの内容は一例です。会社によって、仕事の分担や、役職名は大きく異なります。

仕事を依頼

仕事を依頼

作品を納品

アートディレクター P.34

テレビCMやWEBサイト・雑誌などにのせる広告のほか、新しい商品のパッケージなどをつくるとき、責任者として仕事をする。企業や広告代理店から依頼を受けてデザインの方向性を考え、企画に合ったイラストレーターやデザイナー、カメラマンを選ぶ。

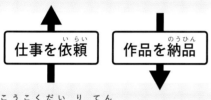

仕事を依頼　作品を納品

広告代理店

化粧品会社やファッションブランドなどから広告を出したいという依頼を受けると、アートディレクターに仕事を依頼する。広告代理店内で広告を制作する場合もある。

画材研究開発 P.22

新色の絵の具のほか、今までにない質感の絵の具など、新しい画材の企画を考えて、開発する。何度も試作をくりかえして、求める色味や質感となるように努力する。絵画修復用の絵の具など、専門的な画材の開発も行う。

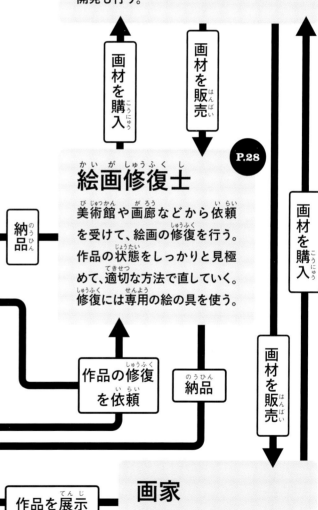

画材を購入　画材を販売

画材を購入

画材を販売

学芸員 P.10

美術館や博物館などで働く。美術館の学芸員は、画廊などをまわって美術作品の収集を行ったり、所蔵している作品の研究調査・保管・展示を行ったりする。作品が傷んでいたら絵画修復士に修復を頼む。

納品

絵画修復士 P.28

美術館や画廊などから依頼を受けて、絵画の修復を行う。作品の状態をしっかりと見極めて、適切な方法で直していく。修復には専用の絵の具を使う。

作品を購入　作品を販売

作品の修復を依頼　納品

画廊

古いものから新しいものまで、美術品を収集して展示する。作品の状態が悪い場合は修復を行う。画廊が作品を選び展示していることもあれば、展示スペースを画家などに貸し出すこともある。個人や美術館から作品を買いたいという申し出があれば対応する。

作品を展示

展示スペースを貸し出し

画家

自分の作風や描きたいものに合わせて画材を選び、作品を完成させる。完成した作品は、画廊などに展示して販売する。

これからのキャリア教育に必要な視点 23

STEAM教育で科学と芸術は融合する

▶ STEAM教育とは？

STEAM教育という言葉を知っていますか？。STEAMとは、Science（科学）、Technology（技術）、Engineering（ものづくり）、Art（芸術）、Mathematics（数学）の5つの単語の頭文字を組み合わせた造語です。これらの5つの領域の知識や技術を横断的に活用して課題を解決していこうとする学習のことをさします。もともとはSTEM教育が提唱されていたのですが、ArtのAが加わり、STEAM教育となりました。このなかで、科学や技術、ものづくり、数学は関連づけやすいと思うのですが、芸術だけは異質です。なぜここにアートが加わったと思いますか？

アップル社製のスマートフォン、初代iPhoneが発売されたのは、2011年1月です。音楽プレイヤーと通話機能、インターネットとメールの機能をもつ、携帯型情報端末でした。指で画面をタッチするという操作方法は画期的で、その後のすべてのスマートフォンのもとになりました。

これを世に送り出したのは、アップルの創業者のひとりであるスティーブ・ジョブズです。しかし、iPhoneに使われているテクノロジー自体は、新たに発明されたものではなく、ほとんどがすでにあったものです。ではなぜ、iPhoneが世界中の人々に熱狂的に受け入れられたのでしょうか？　それはiPhoneには「持ってみたい」と思わせる、見た目の「かっこよさ」、洗練されたイメージがあったからです。iPhoneが登場する前のスマートフォンは、小さなボタンのキーボードがついたものでしたが、iPhoneはボタンをたったひとつにする代わりに、大きな画面をタッチしてすべての操作を行うという独自性と、そのインパクトをデザインで表現していました。

さらに、アップル社のCMは、自社の製品を所有した後のライフスタイルを描き、技術を生み出すパソコンメーカーのCMでありながら、芸術的なセンスにあふれていました。世界中の携帯電話を「スマートフォン」へと進化させたのは、人々の感性を刺激するようなスティーブ・ジョブズの芸術

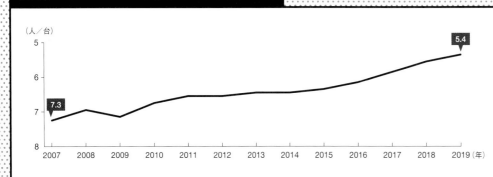

教育用コンピューター1台あたりの子どもの数

（人／台）

7.3

5.4

2007　2008　2009　2010　2011　2012　2013　2014　2015　2016　2017　2018　2019（年）

左のグラフは全国の公立学校※で、STEAM教育に欠かせないパソコンやタブレットなどのコンピューターを何人で使っているかを調べたもの。パソコンやタブレットの導入がじょじょに進んでいるが、まだこれからだ。

出典：学校における教育の情報化の実態等に関する調査結果（2019年3月1日現在）文部科学省

※全国の公立学校とは、小学校、中学校、高校、特別支援学校のこと。

レゴ社が発売するSTEAM教育に焦点をあてた「レゴ®エデュケーション®SPIKE™プライム」は、小学校高学年から中学・高校生が対象の実体験型プログラミング教材。カラフルなレゴブロックやセンサー、直感的にプログラムが作成できるプログラミング言語「Scratch」を基にしたアプリを使い、問題解決能力を育てる。

的なセンスだったといわれています。

つまり、優れたテクノロジーがあればそれでよいわけではなく、「どう表現するか」が重要なのです。これからの時代にヒット商品を生み出すには、芸術的なセンスが不可欠だということです。

▶ 理系か文系か単純に分けられない

日本では長い間、中高校生が進路を考えるとき、文系か、理系か、どちらか一方を選択してきました。しかし、その発想が変わりつつあります。文系の仕事、理系の仕事と単純に分けることができなくなっているのです。

この本に出てくる、ターナー色彩という画材メーカーの開発者は、中学時代は美術部で絵を描くことが大好きでした。その後、進学した高校がスーパーサイエンスハイスクールの指定校だったことからカビの研究に夢中になり、大学でも微生物を研究していました。しかし就職する際に、美術

への関心と科学の知識が活かせる今の職場に出会ったそうです。そして今、彼女は絵を愛する人たちに喜ばれる絵の具をつくっています。

理系か文系かという従来のジャンル分けにこだわらず、両方の視点をあわせもった柔軟な発想ができる企業が、今の時代に求められる新たな価値を生み出しているのです。

▶ 芸術的なセンスをみがく

今後、AIなどの最新技術が生活の中に入ってくるでしょう。これまでは科学系と芸術系は畑ちがいとされてきましたが、これからはどちらの発想も重要であり、分野ごとに境界線を引かずに自由に発想できる個性が求められます。中学生は芸術的なセンスをみがいていく必要があるのです。

中学生のみなさんが大人になったら、もっと自由に発想して、世界中をおどろかせるような、アート感覚あふれるものを生み出していってほしいと思います。

PROFILE

玉置 崇
（たまおき たかし）

岐阜聖徳学園大学教育学部教授。
愛知県小牧市の小学校を皮切りに、愛知教育大学附属名古屋中学校や小牧市立小牧中学校管理職、愛知県教育委員会海部教育事務所所長、小牧中学校校長などを経て、2015年4月から現職。数学の授業名人として知られる一方、ICT活用の分野でも手腕を発揮し、小牧市の情報環境を整備するとともに、教育システムの開発にも関わる。
文部科学省「校務におけるICT活用促進事業」事業検討委員会座長をつとめる。

構成／林孝美

さ く い ん

【取材協力】

アドビ システムズ 株式会社　https://www.adobe.com/jp/
東京国立近代美術館　https://www.momat.go.jp/
ピクシブ株式会社　https://www.pixiv.co.jp/
ターナー色彩株式会社　https://www.turner.co.jp/
パラッツオ・スピネッリ芸術修復学院　http://ambiente.jp/
土田あゆみ　https://www.ayumi-tsuchida.com/

【写真協力】

ターナー色彩株式会社　p24
土田あゆみ　p35
株式会社アフレル　p43　https://afrel.co.jp/
SPIKE™プライム　p43　https://afrel.co.jp/spike/

【解説】

玉置 崇（岐阜聖徳学園大学教育学部教授）　p42-43

【装丁・本文デザイン】

アートディレクション／尾原史和
デザイン／石田弓恵・加藤 玲

【撮影】

平井伸造

【執筆】

遠山彩里　p4-9、p16-21、p34-39
石川実恵子　p10-15
小川こころ　p22-33

【企画・編集】

西塔香絵・渡部のり子（小峰書店）
常松心平・和田全代・一柳麻衣子・中根会美・三守浩平（オフィス303）

キャリア教育に活きる！
仕事ファイル23
アートの仕事

2020年 4 月 7 日　第 1 刷発行
2022年 2 月20日　第 2 刷発行

編　著　小峰書店編集部
発行者　小峰広一郎
発行所　株式会社小峰書店
　　　　〒162-0066東京都新宿区市谷台町4-15
　　　　TEL 03-3357-3521　FAX 03-3357-1027
　　　　https://www.komineshoten.co.jp/
印　刷　株式会社精興社
製　本　株式会社松岳社

©Komineshoten
2020 Printed in Japan
NDC 366 44p 29×23cm
ISBN978-4-338-33303-0